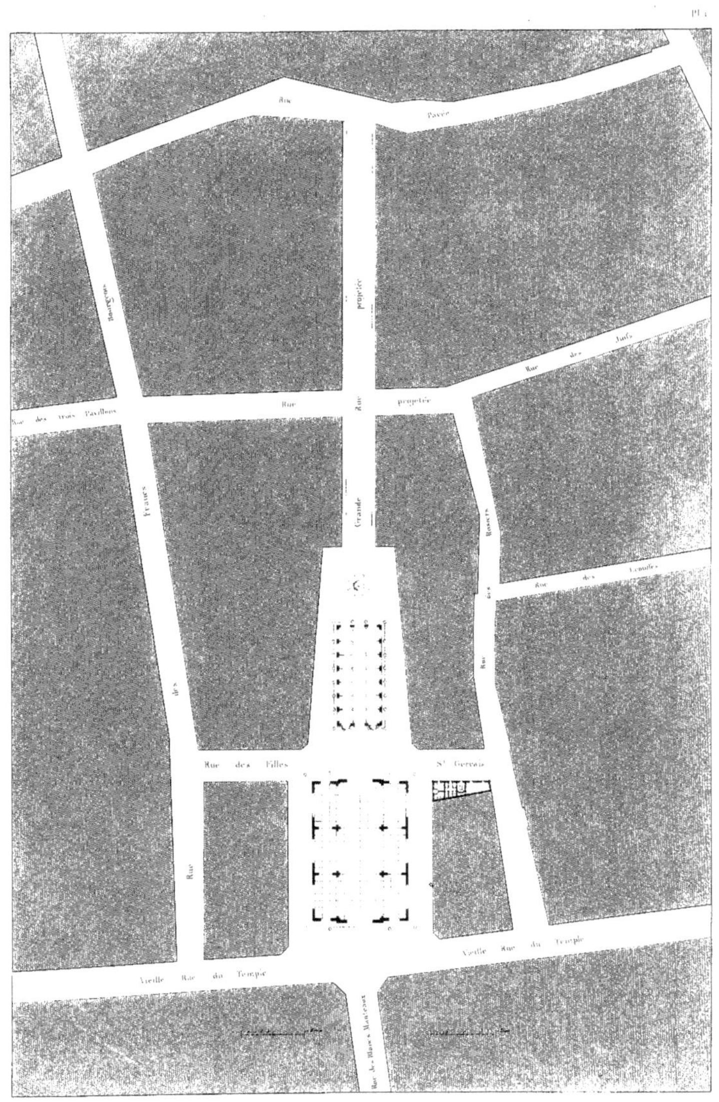

PLAN GÉNÉRAL DU MARCHÉ DES BLANCS MANTEAUX

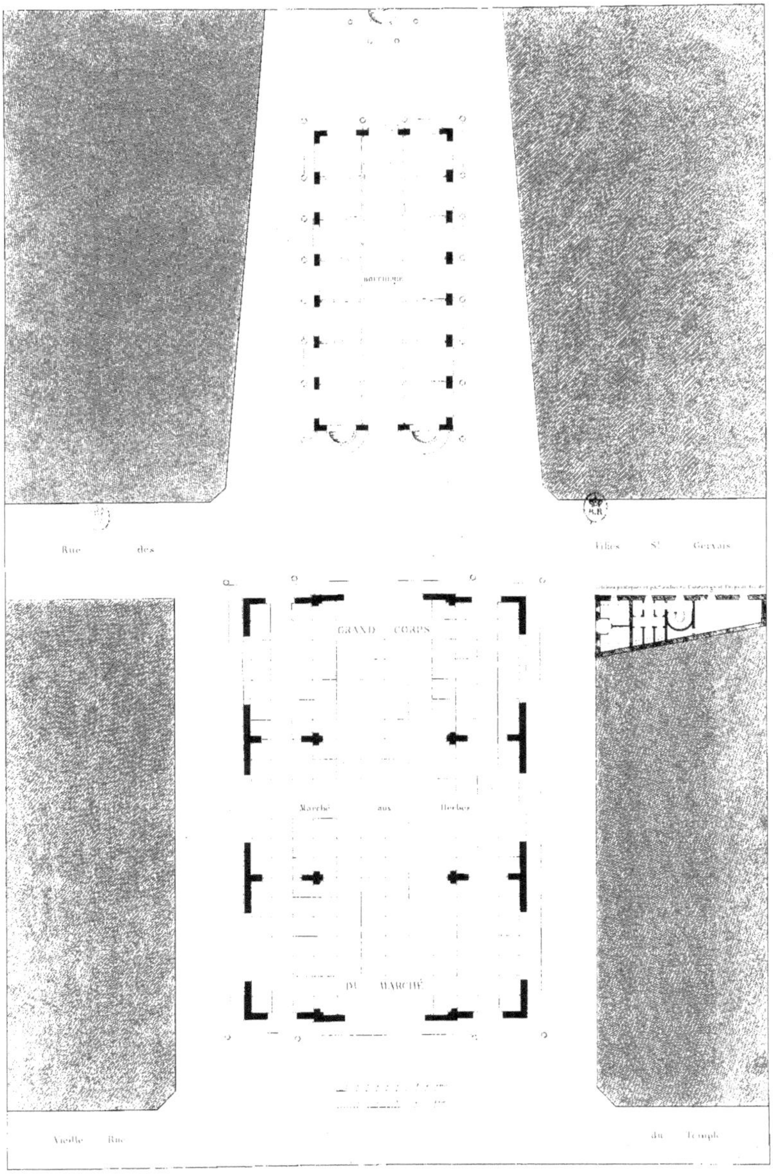

PLAN DU MARCHÉ DES BLANCS MANTEAUX

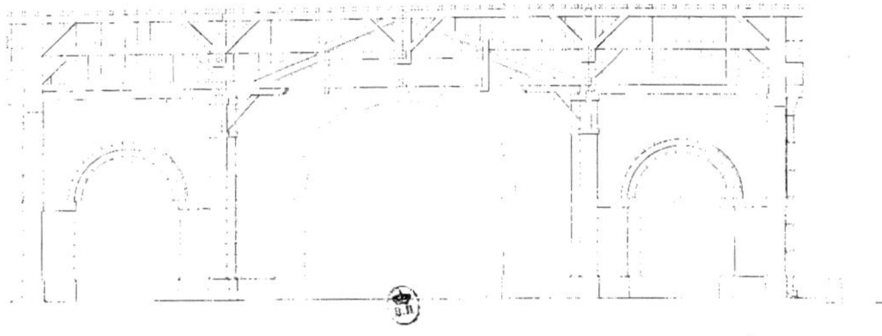

GRAND CORPS DU MARCHÉ.

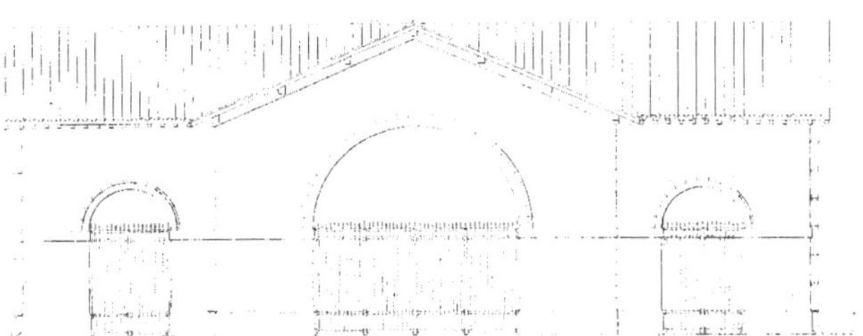

FAÇADE PRINCIPALE.

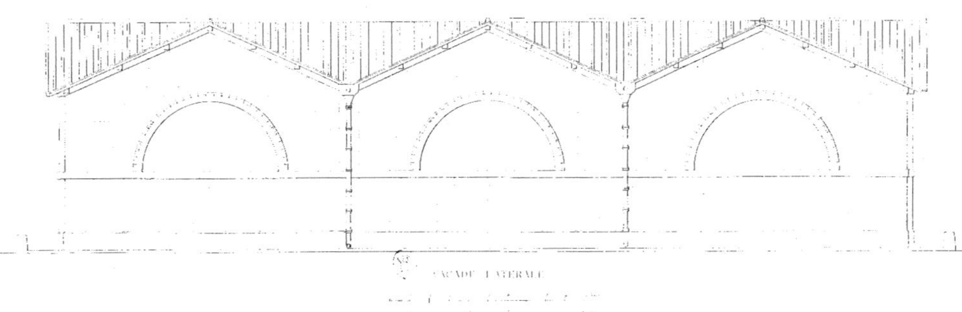
COUPE SUR LA LONGUEUR
GRAND CORPS DU MARCHÉ
FAÇADE LATÉRALE

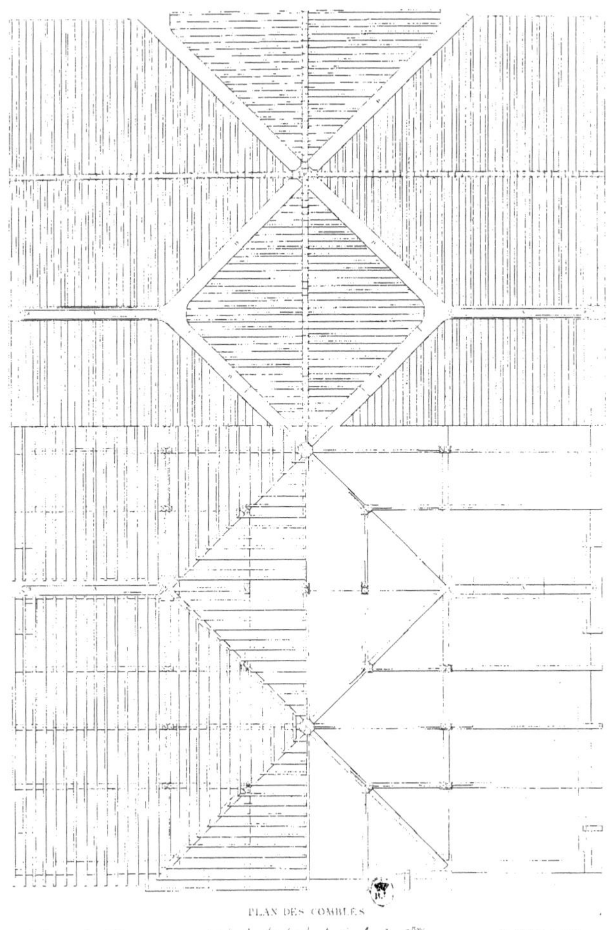

PLAN DES COMBLES

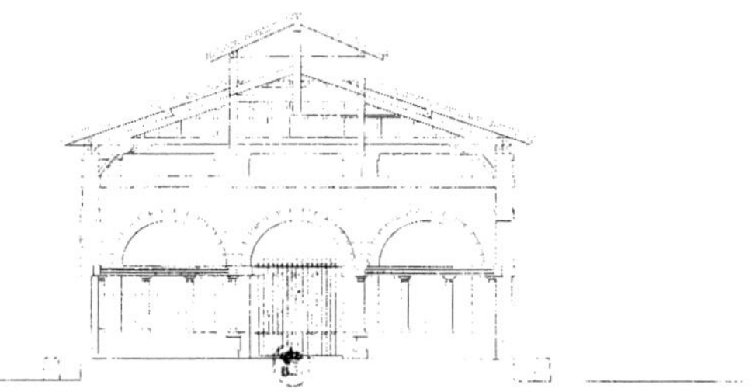

BÂTIMENT DE LA BOUCHERIE

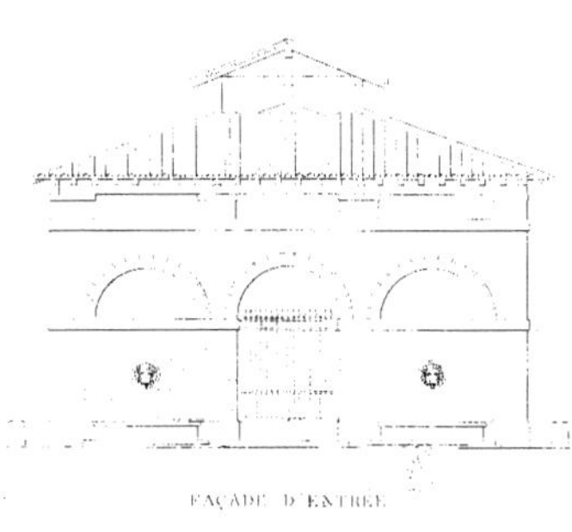

FAÇADE D'ENTRÉE

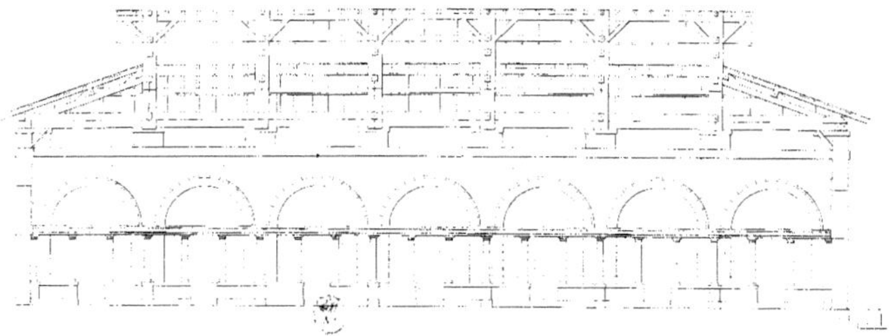

BÂTIMENT DE LA BOUCHERIE

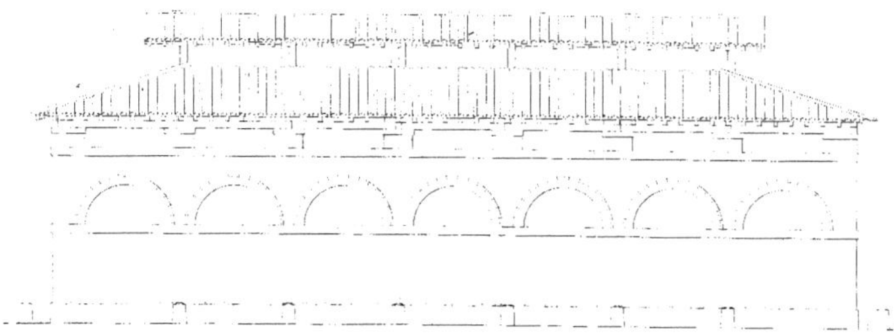

ÉLÉVATION LATÉRALE

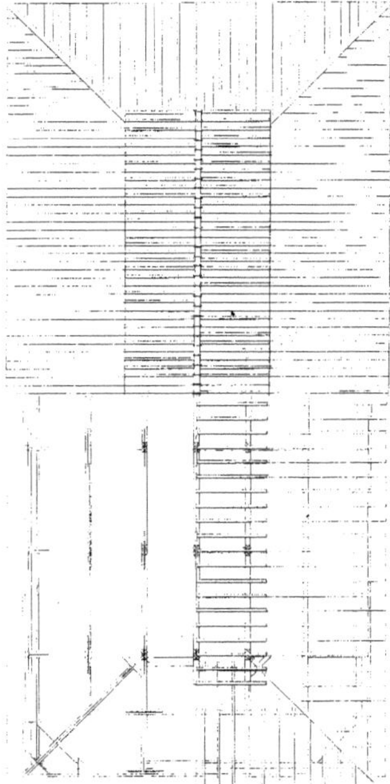

PLAN DES COMBLES

GRAND CORPS DU MARCHÉ
DIFFÉRENTS DÉTAILS

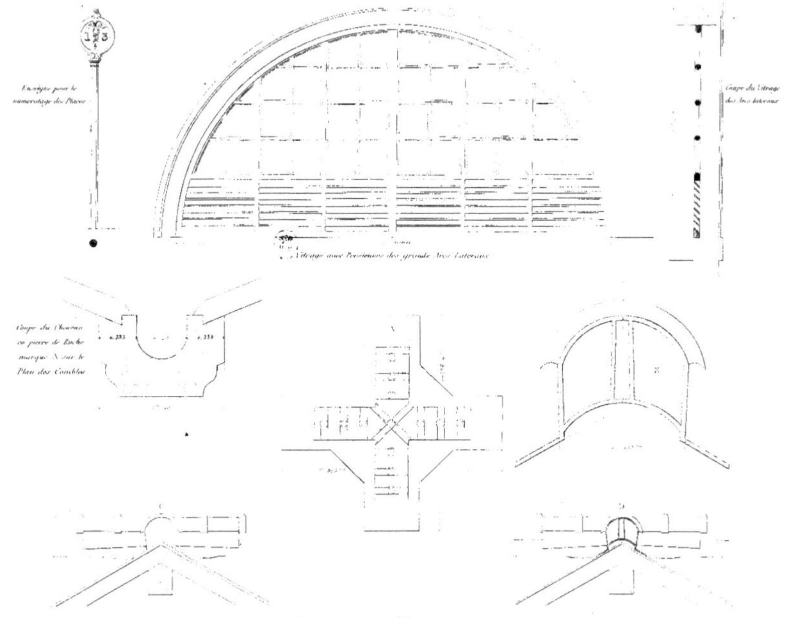

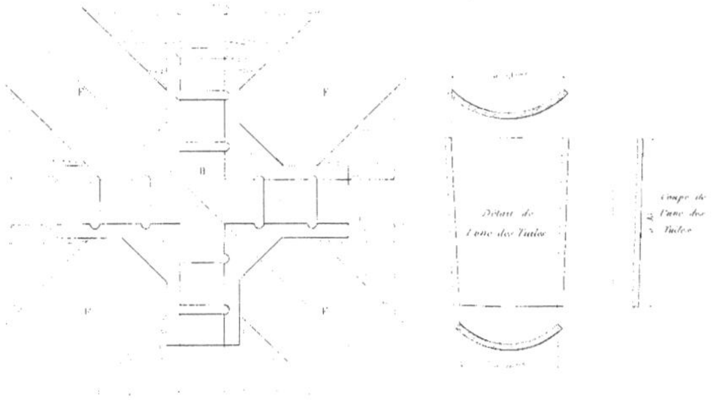

Renvois relatifs aux Faîtières en cuivre placées sur les 3 Poinçons et marquées C sur le Plan des Combles

- A *Plan vu en dessous des Faîtières indiquant les Arcs et les Cylindres destinés à retenir l'écartement*
- B *Plan vu en dessus tel qu'il est sur le Plan des Combles*
- C *Élévation des Faîtières*
- D *Coupe des Faîtières*
- E *Coupe en grand de la Faîtière où l'on voit un des cylindres et l'un des Arcs ci-dessus mentionnés*
- F *Noues en plomb se raccordant avec les cornes des Faîtières*

GRAND CORPS DU MARCHÉ
DÉTAILS DES FERMES

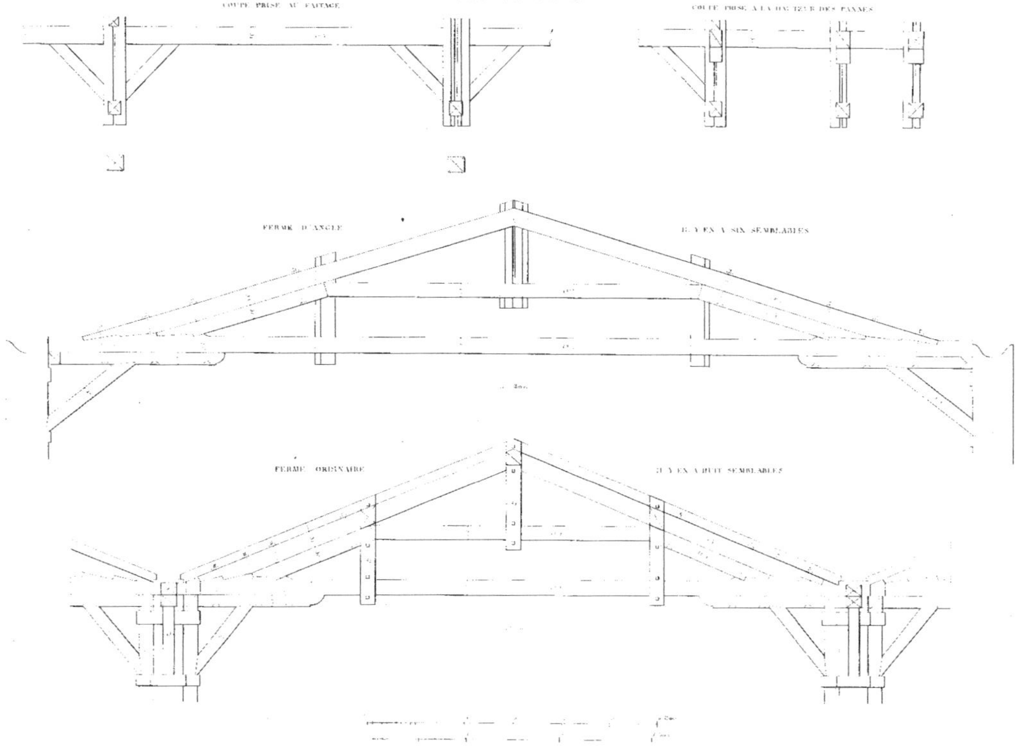

COUPE PRISE AU FAÎTAGE

COUPE PRISE A LA HAUTEUR DES PANNES

FERME D'ANGLE

IL Y EN A SIX SEMBLABLES

FERME ORDINAIRE

IL Y EN A HUIT SEMBLABLES

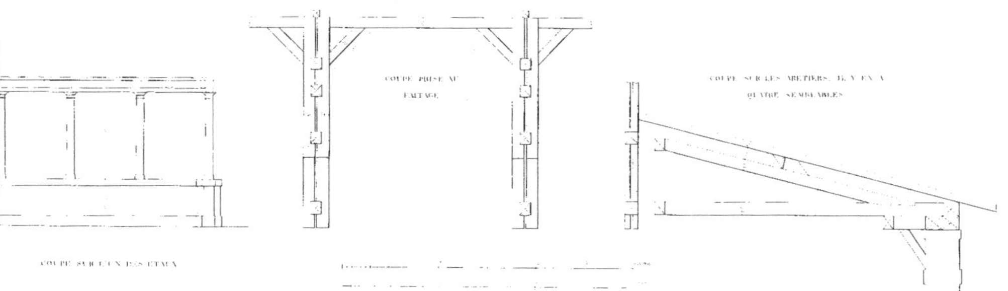

BATIMENT DE LA BOUCHERIE
DÉTAILS DE LA CHARPENTE
Pl. 11
VUE DE L'UNE DES FERMES
IL Y EN A SIX SEMBLABLES
COUPE SUR L'UN DES ETAUX
COUPE PRISE AU FAÎTAGE
COUPE SUR LES ARÊTIERS, IL Y EN A QUATRE SEMBLABLES

VUE PERSPECTIVE

VUE PERSPECTIVE

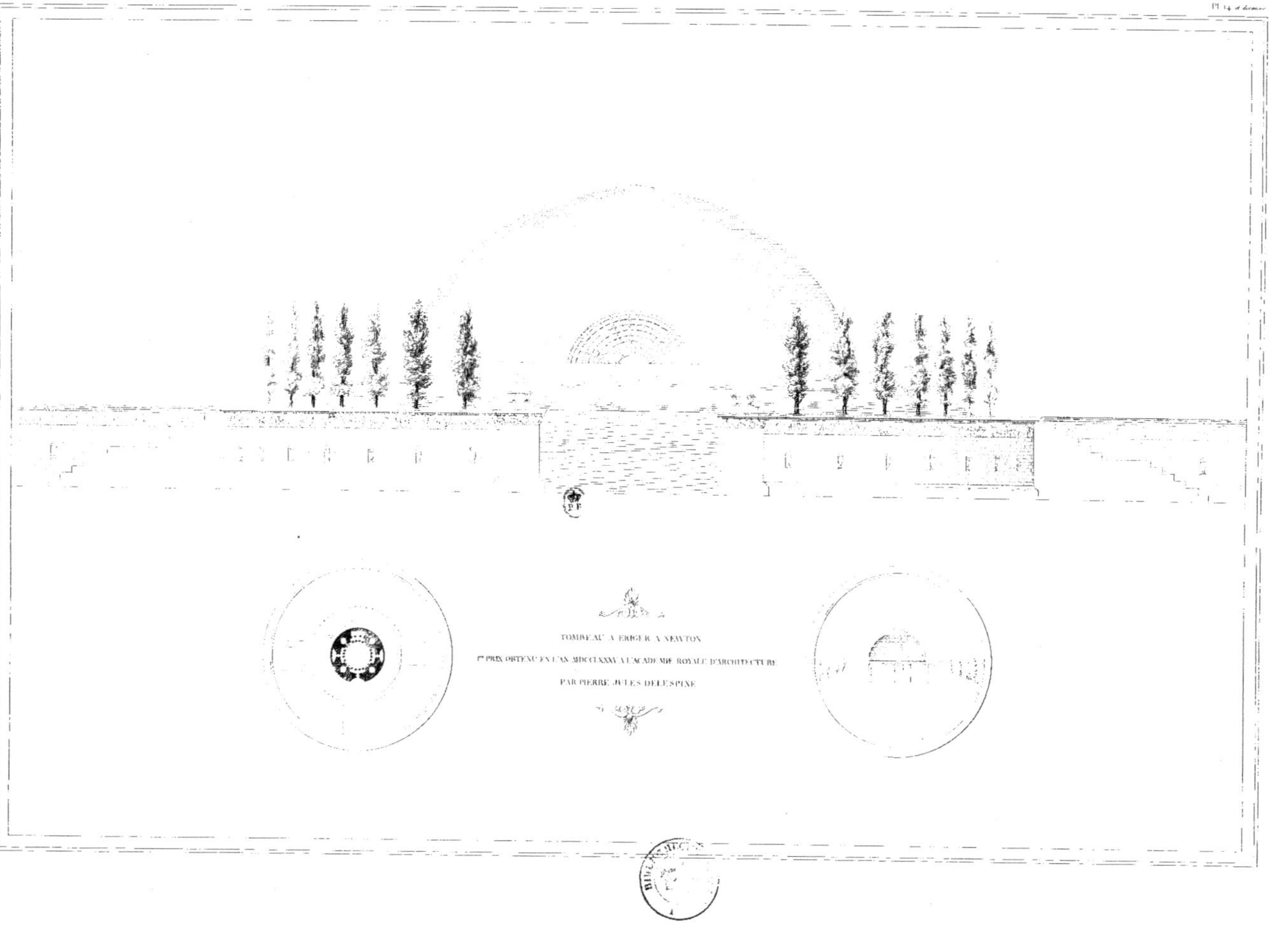

TOMBEAU A ERIGER A NEWTON
1er PRIX OBTENU EN L'AN MDCCLXXXV A L'ACADEMIE ROYALE D'ARCHITECTURE
PAR PIERRE JULES DELESPINE